大家來找碴 1
學會了分身術，就可以有千千萬萬個我。但每個我都有一點點不一樣。
請找出和我一模一樣的分身。

忍者學校
世界上最重要的東西

我的爺爺是大名鼎鼎的「猿飛佐助」，
我的爸爸是「猿飛師助」，
我的名字叫「猿飛須助」。
我正在忍者學校學習忍術，
等我長大之後，
要成為超厲害的忍者！

文圖 宮西達也
翻譯 王蘊潔

這位是「忍者培養到好學校」的「眉毛長藏」老師。
我現在要教你們很重要的事，這樣你們以後才能成為獨當一面的忍者。
生日：12月23日
星座：魔羯座
年齡：36歲（真是人不可貌相）
婚姻：單身
血型：AB型

我，猿飛須助伸長耳朵，仔細聆聽眉毛老師講課，坐在我後面打瞌睡的同學名字叫「愚卯之助」，穿粉紅色衣服的同學名字叫「久野一子」，坐在久野一子旁邊的同學是「服部遍藏」，兩道眉毛特別粗的那一位同學是「彥太郎」，而正在摳鼻屎的是「摳拉夢」。

然後……算了，以後再找機會好好介紹這些同學吧！

忍者要十八
般武藝樣樣精通。

要能下海，

站在高空也
不可以害怕。
搖晃

有時候還得緊緊
貼在牆壁上不能動。
貼緊

你們進入這所學校之後，要學習很多技巧，挑戰很多事，才能成為獨當一面的忍者。

● 身高：170公分
● 體重：63公斤
● 喜歡的花：波斯菊
● 喜歡的食物：
串燒和布丁
● 個性：認真

所以，你們必須先思考一件事。你們知道世界上最重要的東西是什麼嗎？

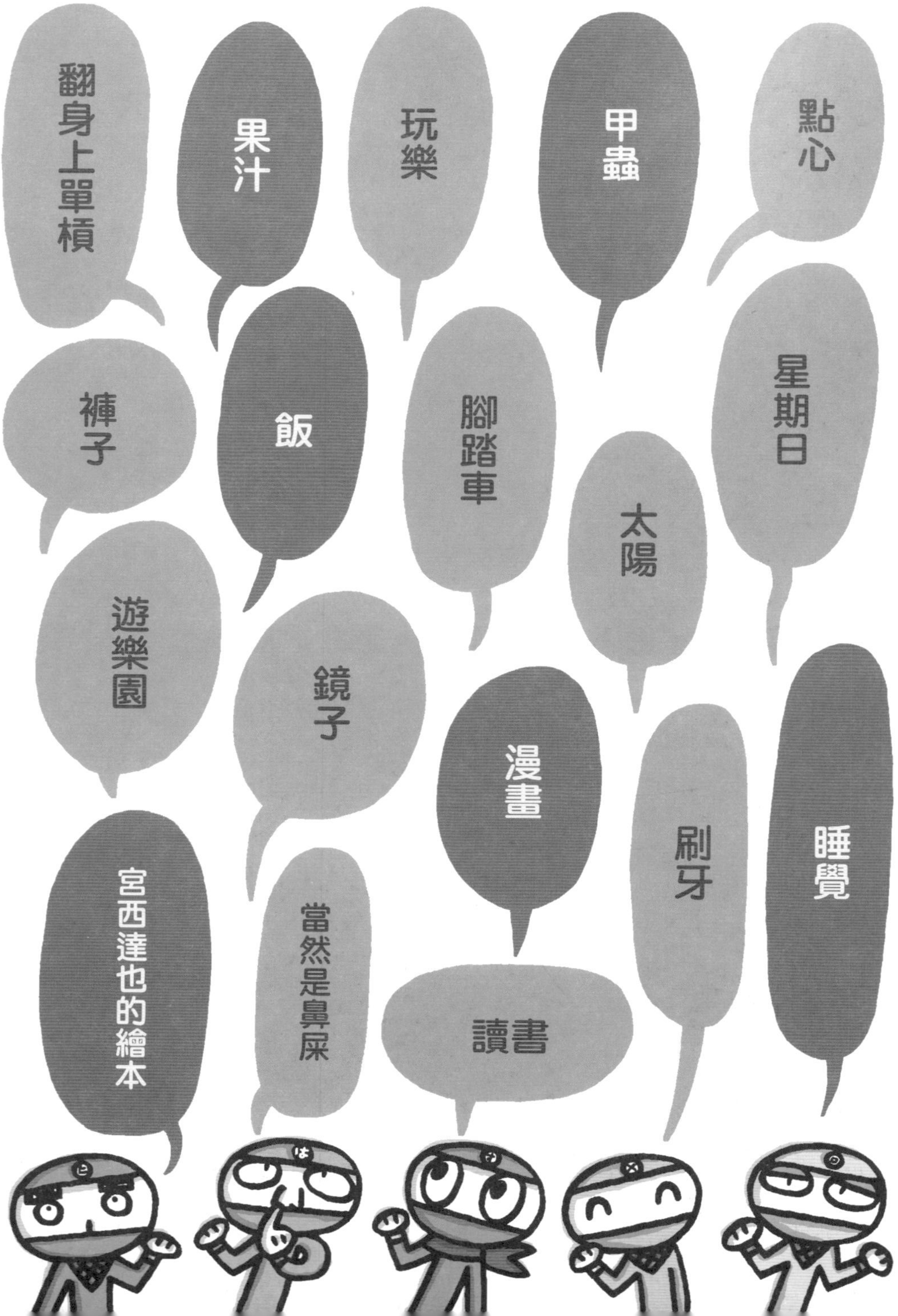

翻身上單槓
果汁
玩樂
甲蟲
點心
褲子
飯
腳踏車
星期日
太陽
遊樂園
鏡子
漫畫
刷牙
睡覺
宮西達也的繪本
當然是鼻屎
讀書

電影
絨毛娃娃
鮪魚生魚片
衛生紙
打掃
藥
緞帶
洗澡
伏地挺身
座墊
腹肌
眼鏡行
嘿嘿嘿……你們都太幼稚了。我是有很多很多錢的有錢人。在這個世界上，當然是錢最重要！

「原、原來是這樣！錢……錢真的很重要。那麼，我們就來思考一下，關於錢的問題。」

這裡有十張一百元。你們會怎麼使用這些錢呢？以下這幾種方式你會選哪一種呢？

我想看看各位同學是不是都懂得聰明理財。
1 早就有想買的東西，所以全部花光光！
2 拿一半買自己想要的東西，另一半存起來。
3 全部都存起來。
4 每天花一百元買自己想要的東西！
5 一半捐給有需要的人，另一半買自己想要的東西。
6 區區一千元，我才不稀罕。

可以在下一頁確認自己的金錢觀屬於哪一種類型！

你是哪種類型呢？跟著鬼腳圖走，
遇到叉路轉彎，就知道答案。
選擇❶的你
選擇❷的你
選擇❸的你
選擇❹的你
選擇❺的你
選擇❻的你

向來節儉型

錢不能只存不花，如果什麼都捨不得買，就會窮得只剩下錢。

外表光鮮亮麗型

即使外表看起來光鮮亮麗，但卻常常坐吃山空，很有可能在真正需要錢的時候沒錢可用！

窮光蛋型

你不了解錢的價值嗎？照這樣下去，錢很可能會討厭你，你會變成身無分文的窮光蛋。

不愁沒錢花型

下次當你有困難時，別人就會向你伸出援手，你應該不會為錢煩惱。

精打細算型

你懂得聰明存錢，也會花錢買自己想要的東西，是精明的精打細算型。

花錢沒節制型

即使不是很想要，每天也會忍不住買一點東西，是最沒辦法存錢買到自己想要東西的類型。

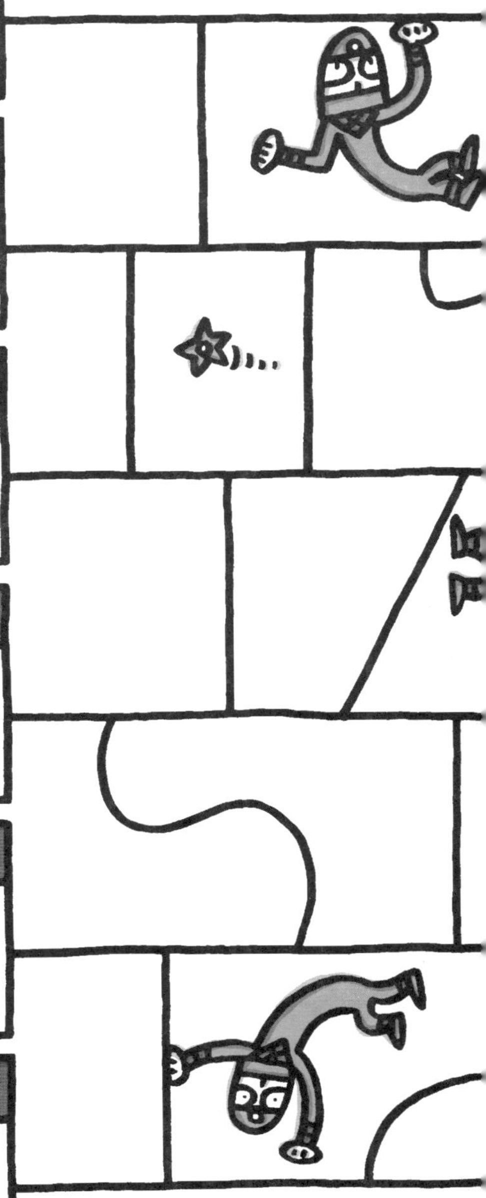

「悲劇！我竟然是向來節儉型。」

「我是身無分文的窮光蛋……」

「沒想到我竟然是花錢沒節制型……」

「我也是……」

「原來我懂得聰明存錢，買了很多自己想要的東西！」

正當大家七嘴八舌，開心的討論時，服部遍藏說：「區區一千元有什麼好討論的，無聊死了……」

「遍藏同學，一千元才不是『區區』而已，而是很多錢。」久野一子說。

「嘿嘿嘿……我每個月的零用錢就有一萬元！」

服部遍藏

他就是日本戰國時代至江戶時代初期的武將「服部半藏」的孫子，個性任性，以自我為中心。

小眼睛的彥太郎聽到這個數字，驚訝得眼珠子都蹦了出來。

彥太郎

向來不引人注目，個性很溫和，但反應超誇張。

「你們都用便宜的方巾包課本帶來學校，嘿嘿嘿……我的衣服是香那兒的！圍巾和書包，還有腳上的木屐全都是名牌！這些都很貴喔，嘿嘿嘿……」

雖然大家都忍不住有點羨慕，

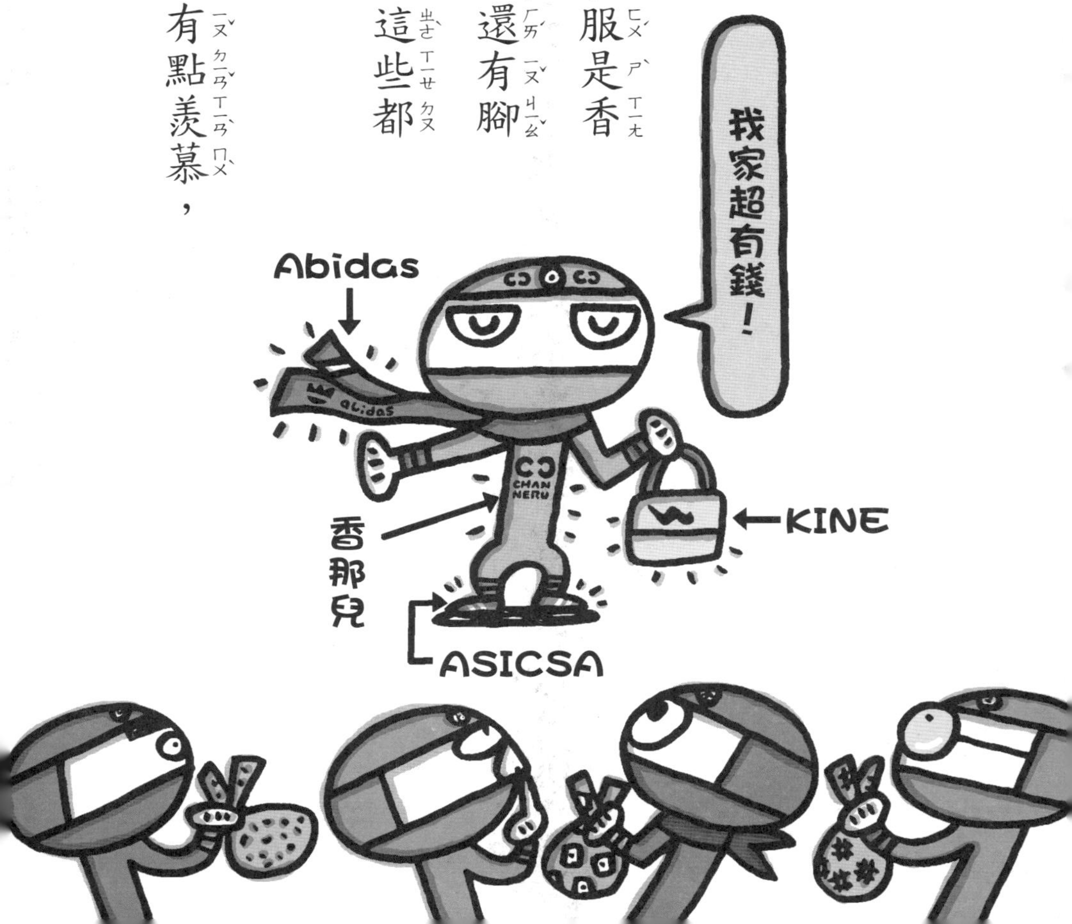
我家超有錢！
Abidas
abidas
CHAN NERU
香那兒
KINE
ASICSA

但是，仔細想一想……
用方巾包的話，不管放大東西、小東西，都超方便。
遍藏的書包根本沒辦法裝大東西。
遍藏從來不和大家一起玩泥巴，就是因為擔心衣服和書包會弄髒吧！

正當他們在討論時，有人在高處看著這一幕。

好羨慕，其實我也很想玩泥巴……而且這個書包真的是中看不中用，我覺得方巾比較好用……

嗯，所以這是不是代表，錢並不是萬能……

那就是「忍者骷髏學校」的黑心惡藏老師和他的學生。

真是一群愚蠢的傢伙。只要有**錢**和**力量**，就能成為出色的忍者！好，大家趕快回學校，我要重新訓練你們！
原來如此。

黑心惡藏老師說完，就轉身離開了。

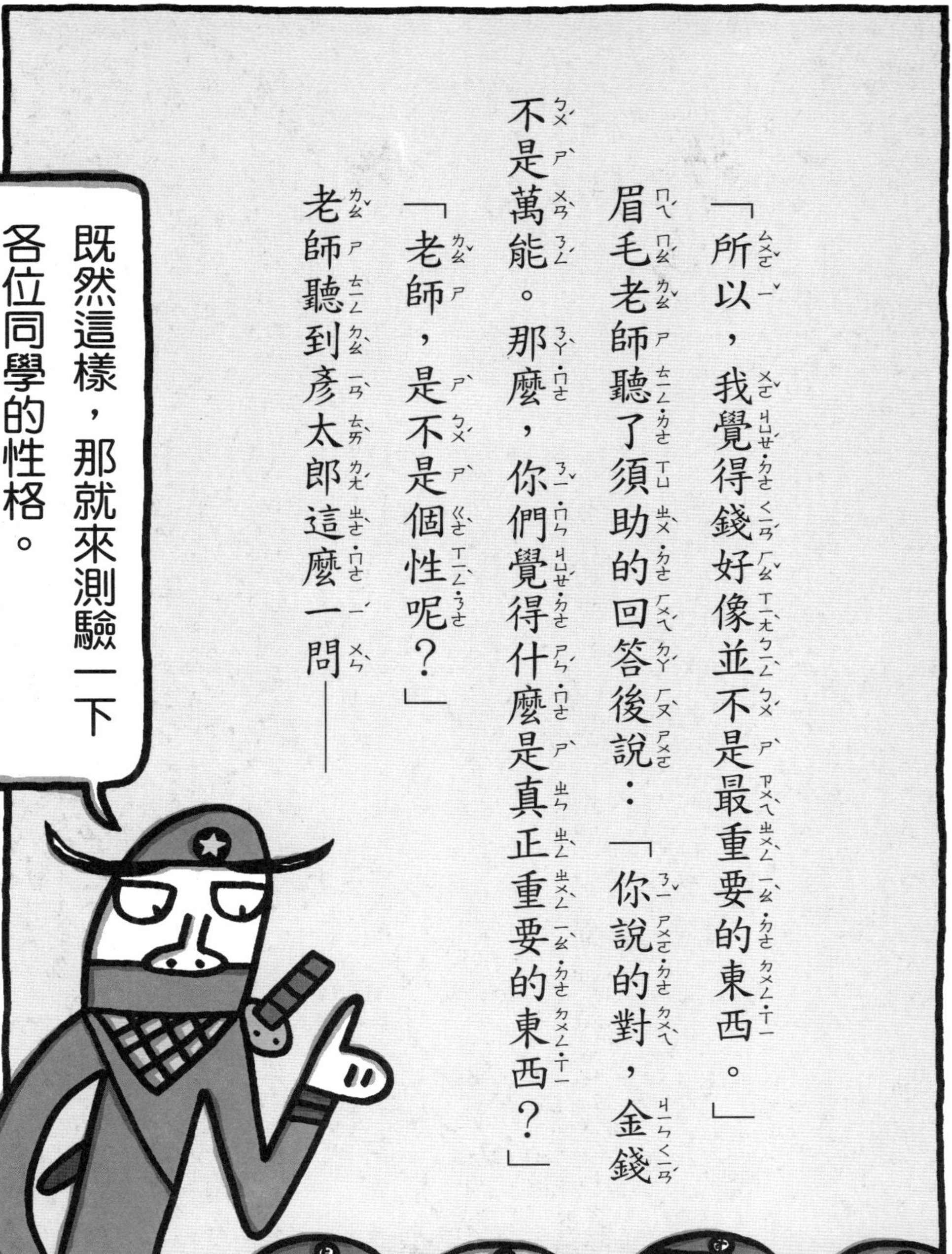
「所以，我覺得錢好像並不是最重要的東西。」
眉毛老師聽了須助的回答後說：「你說的對，金錢不是萬能。那麼，你們覺得什麼是真正重要的東西？」
「老師，是不是個性呢？」
老師聽到彥太郎這麼一問——
既然這樣，那就來測驗一下各位同學的性格。

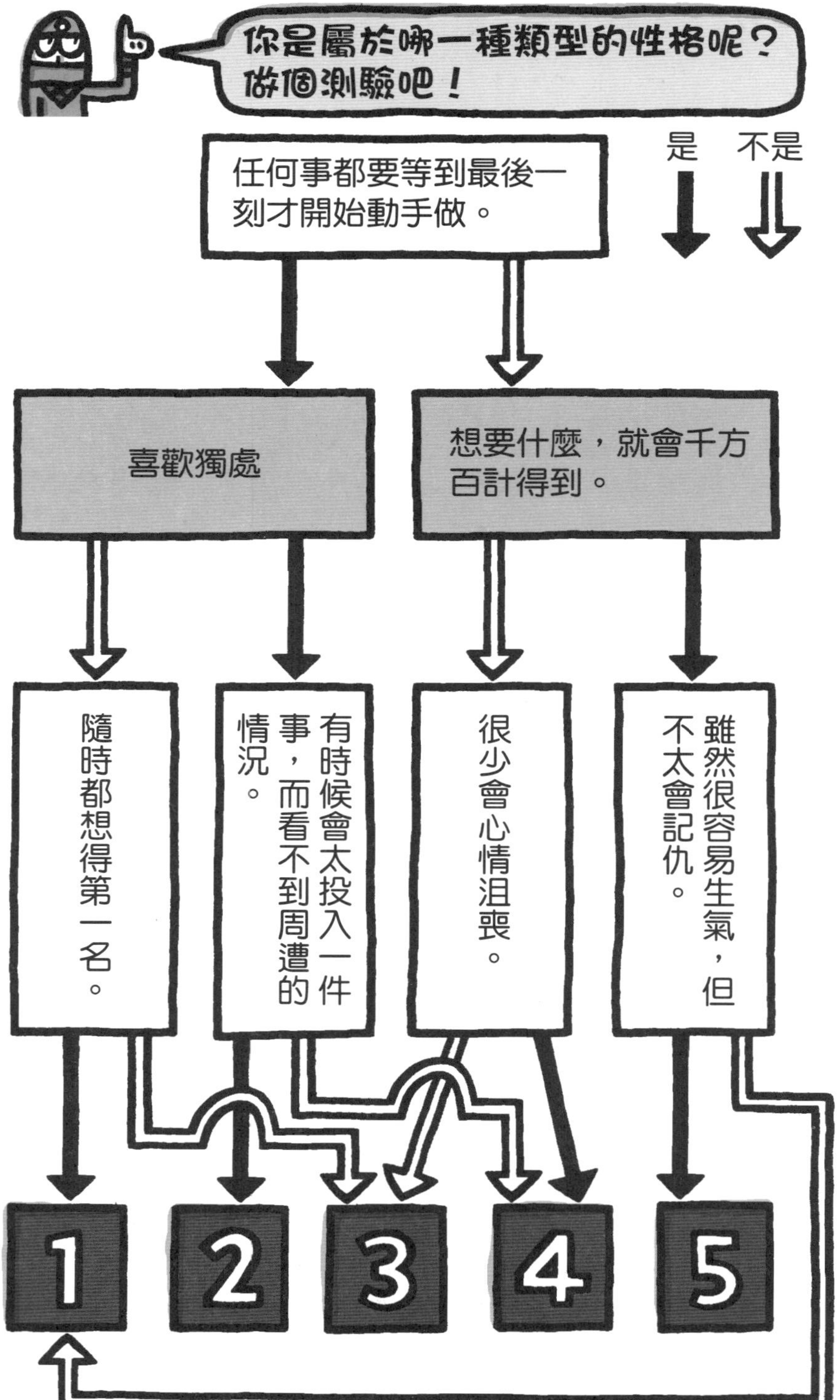
你是屬於哪一種類型的性格呢？做個測驗吧！
是
不是
任何事都要等到最後一刻才開始動手做。
喜歡獨處
想要什麼，就會千方百計得到。
隨時都想得第一名。
有時候會太投入一件事，而看不到周遭的情況。
很少會心情沮喪。
雖然很容易生氣，但不太會記仇。
1
2
3
4
5

1

為了實現目標勤奮努力型

個性開朗，有很多朋友，屬於為了實現目標勤奮努力型，但有點愛慕虛榮。

2

熱衷投入興趣愛好的埋頭型

在自己的興趣愛好上能發揮超強的專注力，但如果是不喜歡的事，根本就不屑一顧。

3

重視朋友的樂於助人型

最喜歡照顧朋友的熱血人，但有點太天真。

4

不喜歡爭執的溫和順從型

不喜歡和別人發生爭執，能夠和任何人都談得來，但有時候會假裝沒聽到別人說話。

5

喜歡主導的領導型

喜歡發號施令的領導型，要注意別太自大，否則會被朋友討厭。

「接下來，再來看看大家的時尚風格！」
雖然忍者向來都穿一些低調不起眼、不引人注目的衣服，但偶爾時尚一下也不錯。
老師很喜歡這個姿勢
扭腰
老師平時在家都會穿愛心圖案的襯衫和牛仔褲。
太誇張了！
這能看嗎……

挑選自己最喜歡的上衣！

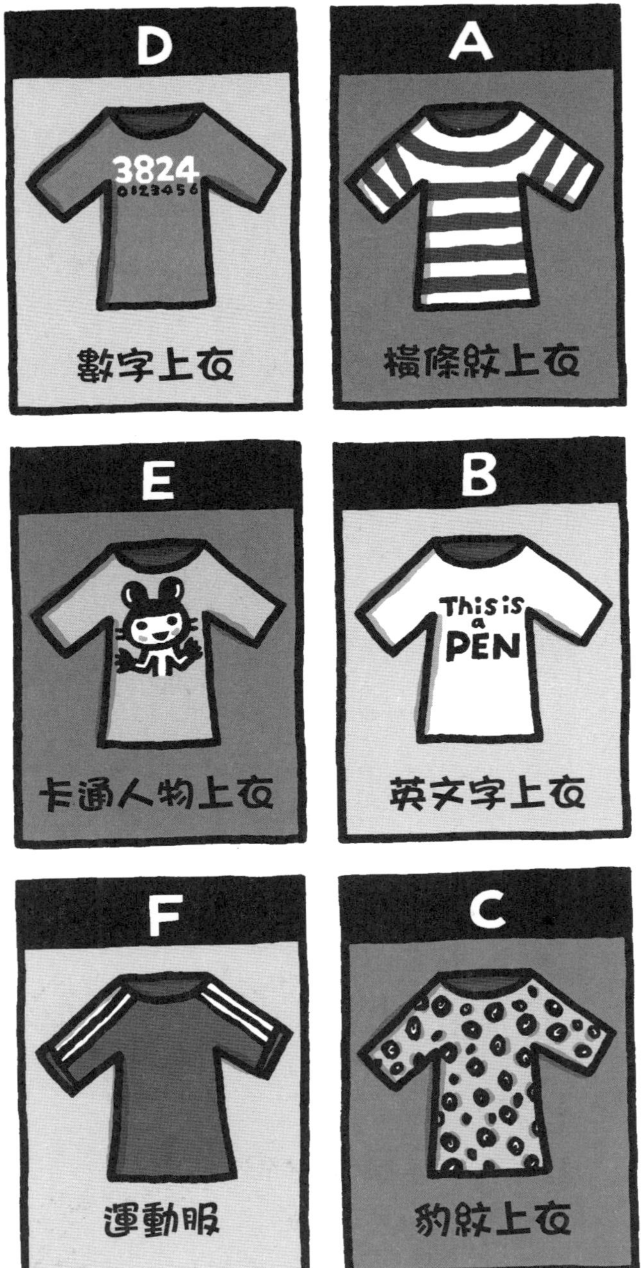
D
3824
0123456
數字上衣
A
橫條紋上衣
E
卡通人物上衣
B
This is a PEN
英文字上衣
F
運動服
C
豹紋上衣

「這六款上衣中，你喜歡哪一款呢？」

是不是每一件都超帥！

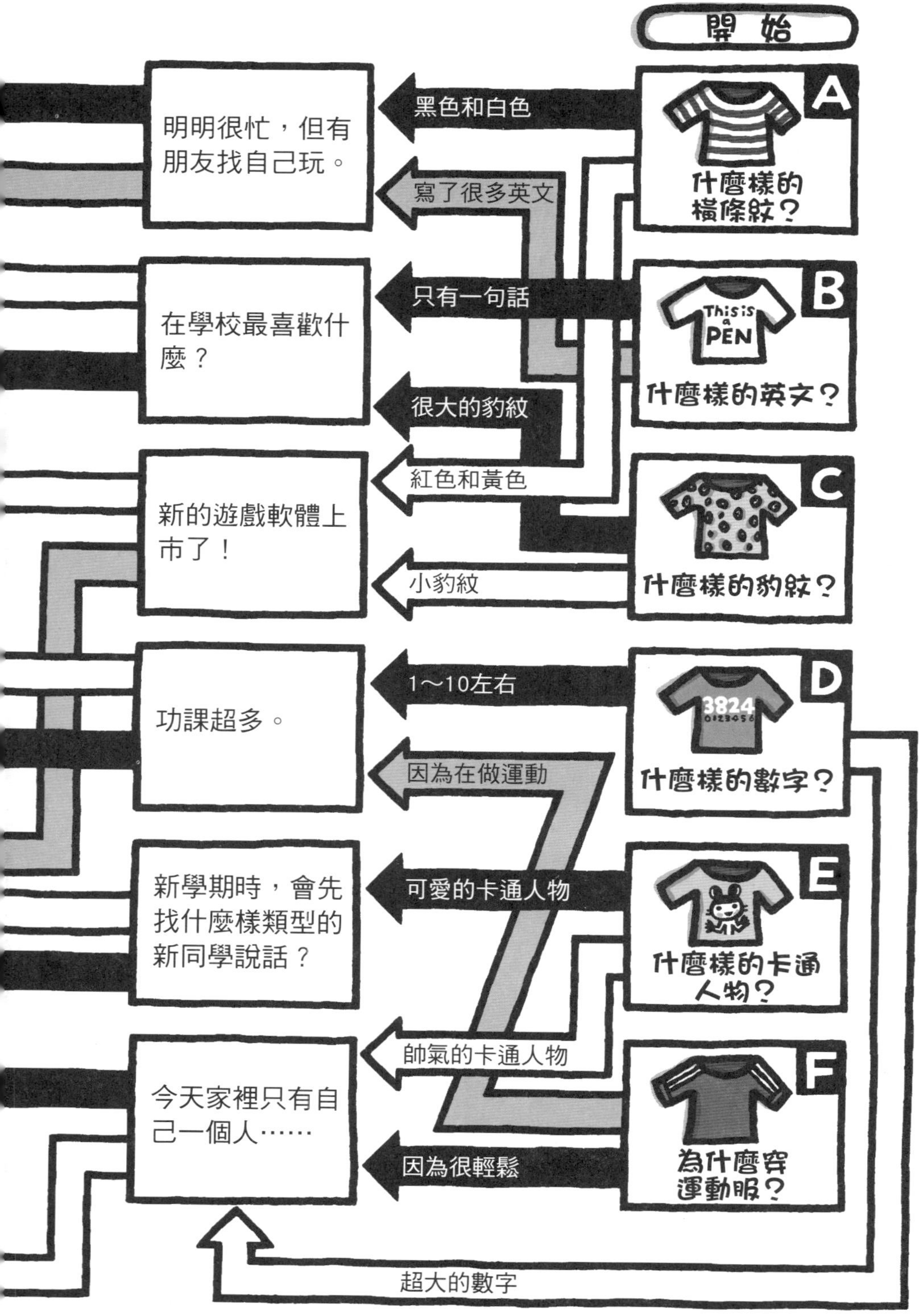
開始
A
什麼樣的橫條紋？
黑色和白色
寫了很多英文
明明很忙，但有朋友找自己玩。
B
This is a PEN
什麼樣的英文？
只有一句話
很大的豹紋
在學校最喜歡什麼？
C
什麼樣的豹紋？
紅色和黃色
小豹紋
新的遊戲軟體上市了！
D
3824
0123456
什麼樣的數字？
1～10左右
因為在做運動
功課超多。
E
什麼樣的卡通人物？
可愛的卡通人物
帥氣的卡通人物
新學期時，會先找什麼樣類型的新同學說話？
F
為什麼穿運動服？
因為很輕鬆
今天家裡只有自己一個人……
超大的數字

你是屬於哪一種類型？

普通型

你不喜歡和別人競爭，通常會選擇很普通的衣服，優點是很少悶悶不樂。

嚮往型

你內心有「我也想和那個人一樣」的嚮往，為了達到這個目的做了很多努力。

自信型

你喜歡與眾不同，對自己很有自信。希望你可以永遠保持這種自信。

能幹型

你能夠做好該做的事，屬於能夠明確表達自己意見的能幹型。

重視興趣型

你很重視自己的興趣或愛好，如果是自己有興趣的事，就會發揮驚人的實力，或許可以做出了不起的事喔！

享樂型

你喜歡享樂，雖然別人常會覺得你很懶散，但只要有你在的場合，大家都會很放鬆。

一起去玩

老師

馬上去買

最出風頭的同學

上課

婉拒

先寫完功課

先查一下評價

看起來可愛的同學

晚一點再寫也沒關係

睡到飽

熬夜看電視

怎麼樣？相信你們已經了解到，每個人的性格都不一樣，所以如何活出自己的人生很重要。
我們現在就去尋找人生的啟示。大家手牽手圍成圈。
要去哪裡？
要去問誰？
現在要怎麼去？

時間移動術！
轉吧轉吧！
再轉快一點！

哇嗚！
轉啊轉啊轉
轉啊轉
轉啊轉
轉啊轉
轉啊轉啊轉
轉啊轉啊轉

咕嚕、咕嚕、咕嚕嚕！
當須助他們回過神時，竟發現
大家全倒在小山丘上。
「這、這是哪裡？」
「大家都沒事吧？」老師問。
這時，須助大叫了一聲：
「啊！那裡有人！」
「我們去看看。」

他們發現有一個人被釘在十字架上。

「叔、叔叔，你為什麼被釘在十字架上？你是不是做了什麼壞事？」須助問。

那個人用溫柔的聲音對他說——

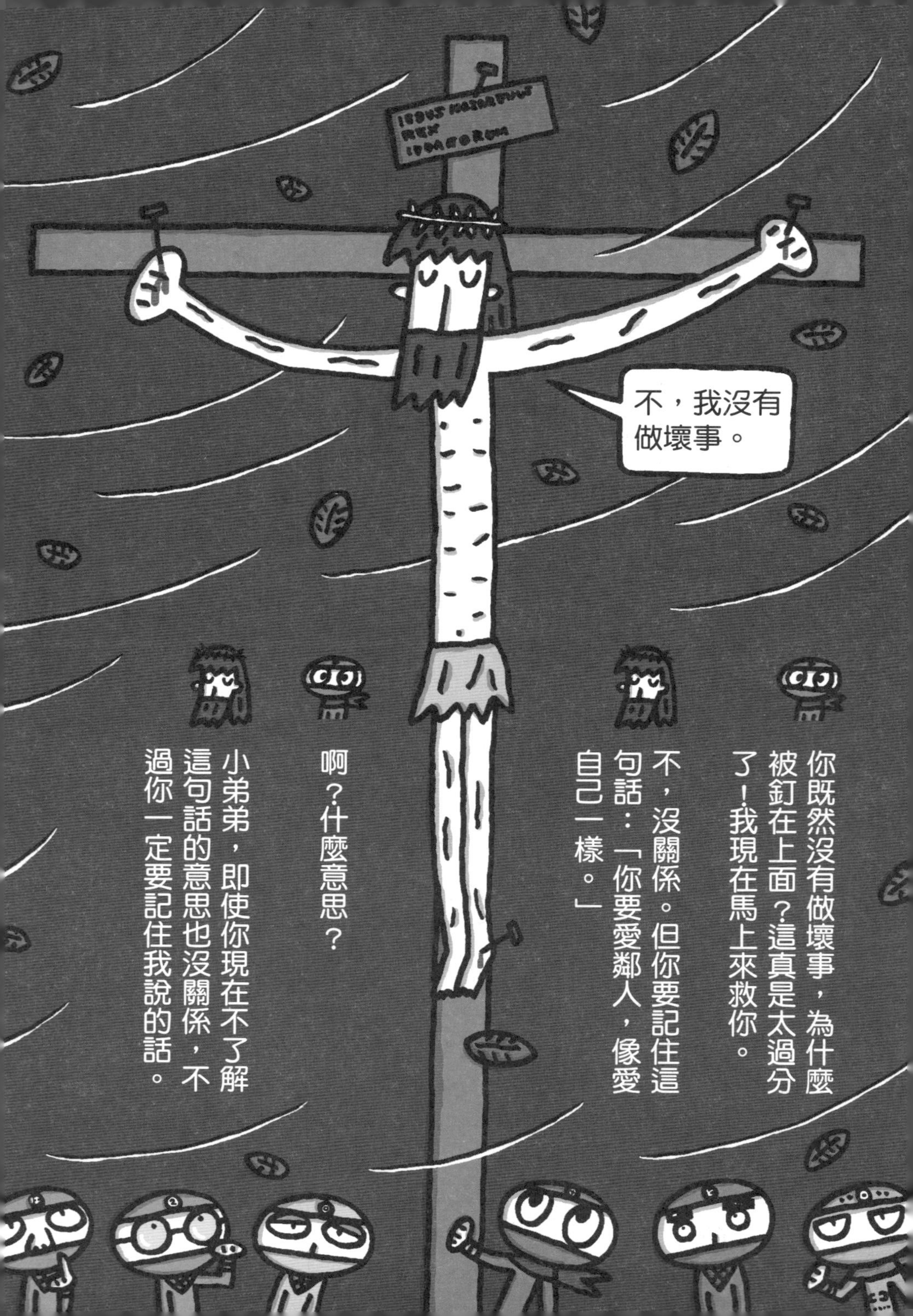
不，我沒有做壞事。
你既然沒有做壞事，為什麼被釘在上面？這真是太過分了！我現在馬上來救你。
不，沒關係。但你要記住這句話：「你要愛鄰人，像愛自己一樣。」
啊？什麼意思？
小弟弟，即使你現在不了解這句話的意思也沒關係，不過你一定要記住我說的話。

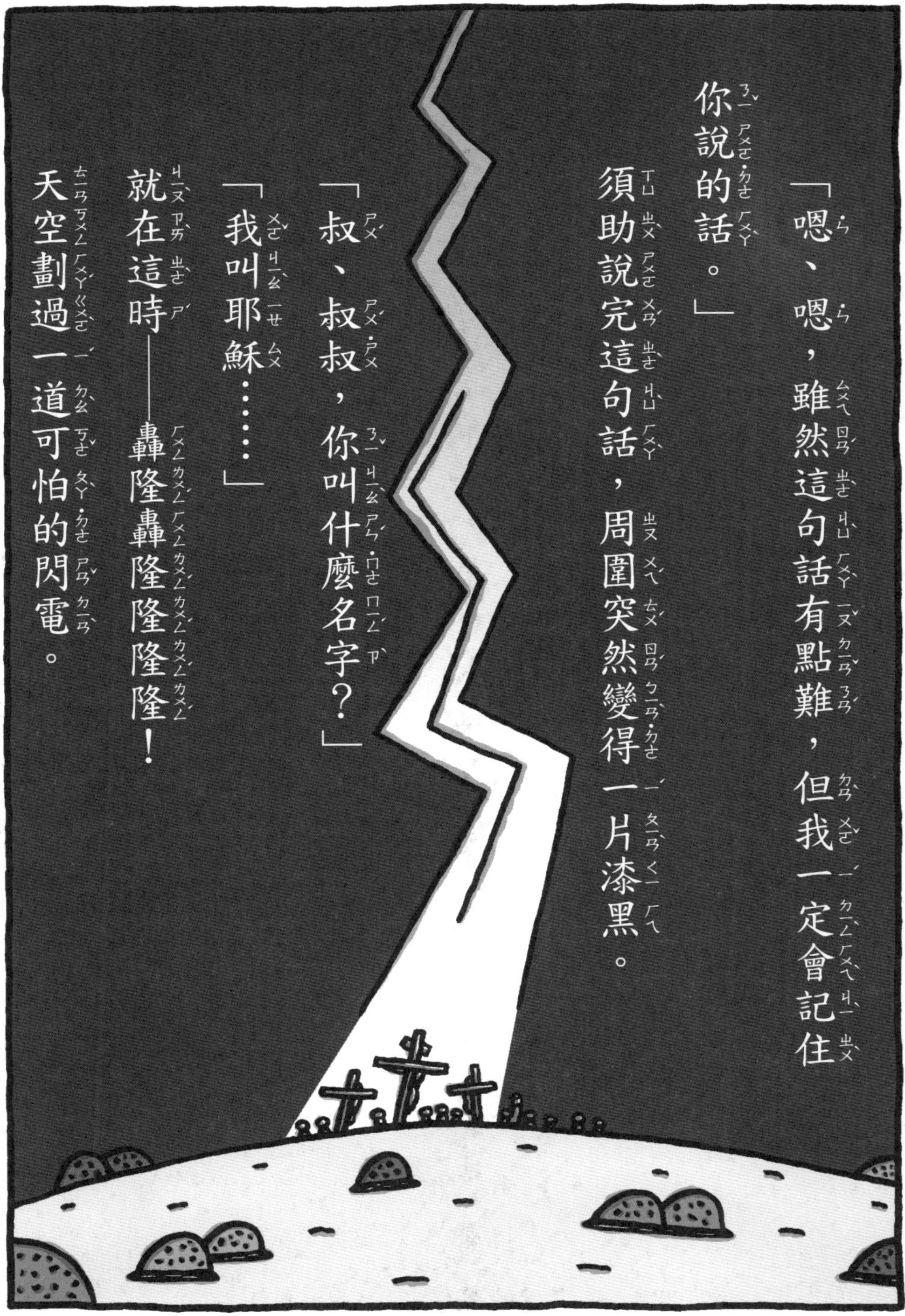
「嗯、嗯，雖然這句話有點難，但我一定會記住你說的話。」
須助說完這句話，周圍突然變得一片漆黑。
「叔、叔叔，你叫什麼名字？」
「我叫耶穌……」
就在這時——轟隆轟隆隆隆隆！
天空劃過一道可怕的閃電。

「哇嗚！」

當大家回過神時，發現又回到了原來的教室。

但是——

「咦？須助怎麼不見了？」

這時，須助竟然——

只有他一個人被彈出時間移動漩渦，來到了另一個地方，而且是在半空中。

「救……命……啊——」

須助頭朝下，從天空墜落下來。

誰、誰來救救我……
離地面還有兩百公尺……一百公尺……

離地面還有——
五十公尺……四十公尺……三十公尺……
二十公尺……十公尺……
我、我完蛋了……
就在這個時候——

噗咻！

「你沒事吧？」

有一隻猴子騰雲駕霧來救他。

「謝、謝謝你，你是誰？」須助問。

「我叫孫悟空。」

「孫、孫悟空！就是那個赫赫有名的孫悟空！所以這朵雲……

該不會就是筋斗雲？」

「對啊！如來佛答應我，只要我能駕著筋斗雲，飛到如來佛手掌碰不到的地方，我就可以成為神仙。是不是很厲害？」

「嗯、嗯！真的超厲害！」

「孫悟空，你一定會很多招數吧！露幾手給我瞧瞧。」
「那有什麼問題！我先隨便抓一把毛，然後呼呼的吹幾口氣。」

「分身術來也！」
登登——————登

「接下來是哩嗦哩嗦喀絲絲，哆囉哆囉哆囉囉。」
孫悟空念了一段咒語。

「變身術！」
登登——登
「想變誰就變誰，是不是很厲害？」

他們一起搭乘筋斗雲，飛到了很遠很遠的地方，看到有五根又高又大的柱子穿過雲層。

嘿嘿嘿……
我來簽個名留作紀念……
再來撒一泡尿。
齊天大聖

「這、這樣不行啦，孫悟空！」

正當須助這麼說的時候——

四周突然暗了下來。

那、那些柱子突然動了起來。

「哇嗚！」

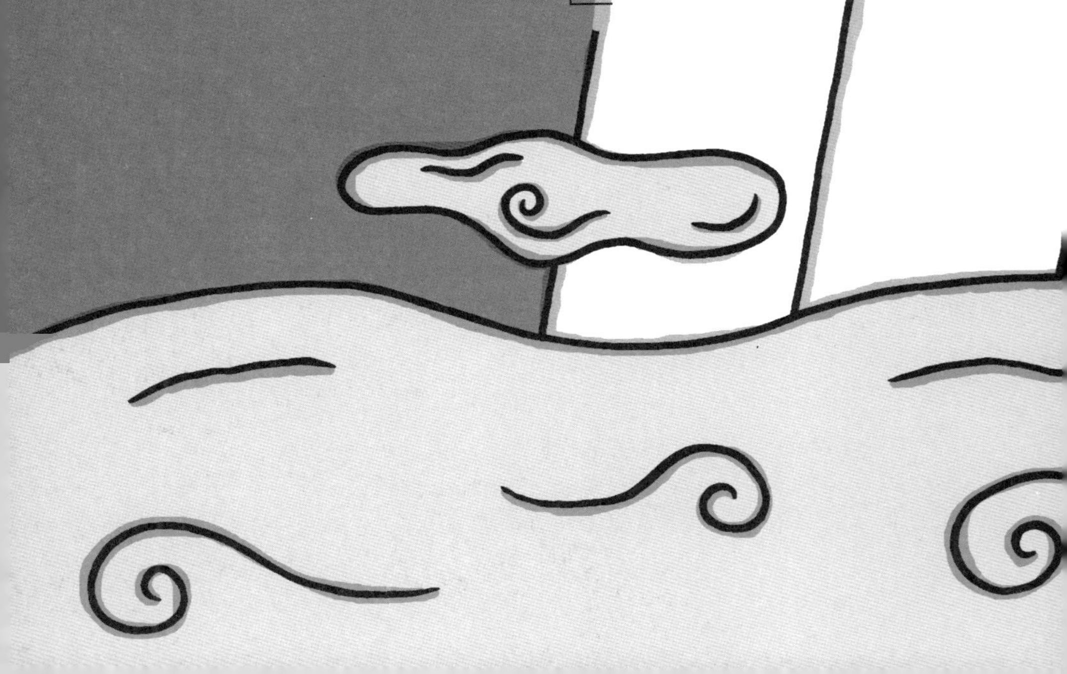

「悟空，你果然既自私又任性，只想到自己。」

剛才的五根柱子，竟然是如來佛的手指。

孫悟空和須助原來一直在如來佛的掌心。

「悟空，你要多為他人著想，要懂得體貼別人。」

當如來佛這麼說的時候——

轟隆轟隆隆
隆隆！
雷聲響起——
哇嗚—

須助又撲通一聲，
掉到別的地方了！
這次他掉進了河裡。
「誰、誰來救救我？
我不會游泳……」
啪沙啪沙啪沙……

須助在河裡載浮載沉，這時，有一顆很大的桃子，從河的上游漂啊漂，漂啊漂的漂了過來。

「我要抓住那顆桃子！」

須助拚了命想抓住那顆桃子。

就在這個時候——

嘿喲！
正在河邊洗衣服的老奶奶，
把須助從河裡救了
起來。
然後，老奶奶就帶著
須助回到自己的家裡。
啊！
桃太郎的桃子被
沖走了……

老爺爺和老奶奶拿了一件新衣服給須助穿，
糯米丸子很好吃唷！
還給他吃糯米丸子。
「你們真是大好人。為什麼要對我這麼好？」須助問他們。
「照顧小孩子是天經地義的事。」
「善待別人是天經地義的事。」

「老爺爺和老奶奶真是大好人……但如果繼續這樣下去，桃太郎就不可能誕生，這下子可就慘了……」
須助在老爺爺和老奶奶睡著之後，悄悄溜了出去，一路跑向那條河。

他看到一顆很大的桃子，卡在河裡的一塊岩石旁。
太好了！

然後，
須助扛著大桃子，
回到了老爺爺和
老奶奶的屋子前，

輕輕放下桃
子後，
便無精打采
的邁開步伐離
開了。

「再見了，老爺爺和老奶奶，
我不會忘記你們對我的恩情。」
當須助這麼說的時候，周圍
變得一片漆黑。
轟隆轟隆隆隆隆！
天空中劃過一道閃電。
「哇嗚！」
謝謝你們，我把糯米丸子帶走了。

然後，須助終於回到了教室，而且所有同學也都在教室裡。

「須助，看到你平安回來真是太好了！你和我們分開之後，遇到了什麼事？」

和你們分開之後，我遇到了孫悟空和如來佛。如來佛對孫悟空說：「你要多為他人著想，要懂得體貼別人。」
齊天大聖
後來，我又遇見了桃太郎的老爺爺和老奶奶，他們對我很好。
我問他們為什麼對我這麼好，他們對我說：「善待別人是天經地義的事。」

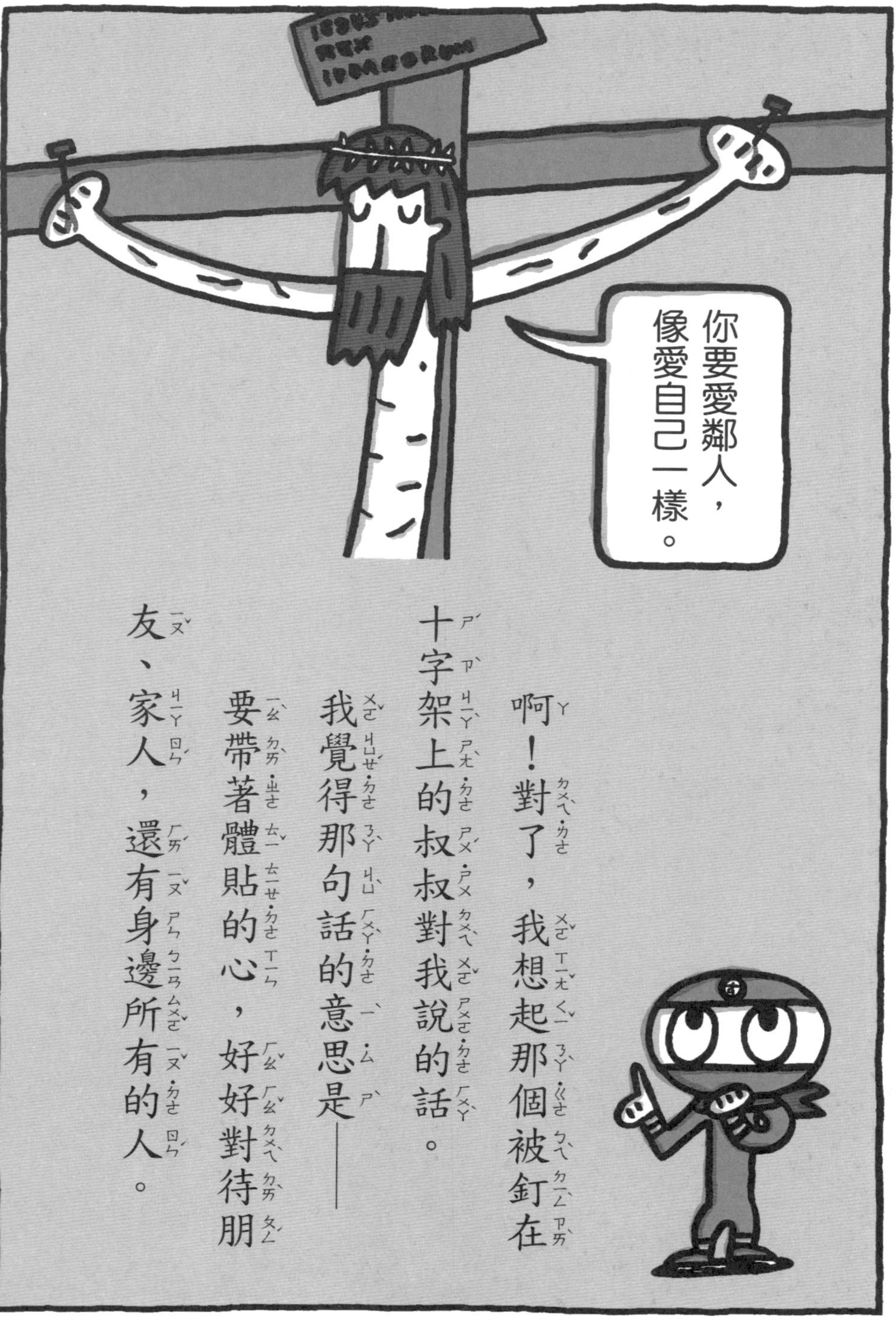
你要愛鄰人，
像愛自己一樣。
啊！對了，我想起那個被釘在
十字架上的叔叔對我說的話。
我覺得那句話的意思是——
要帶著體貼的心，好好對待朋
友、家人，還有身邊所有的人。

須助，你太棒了！
這個世界上，還有許多在各方面都很優秀的人，他們說了很多「名言」。
所以，接下來我們要玩名言猜謎。

名言猜謎1

（答案在下一頁）

＿＿中該填什麼呢？

為＿＿奉獻，每個人都可以成為出色的人。

（馬丁・路德・金恩牧師的名言）

馬丁・路德・金恩是反對種族歧視的偉大人物！

「真、真是太不長進了，只有一個人答對……」
讀書
錢
睡覺
得第一名
鼻屎
他人
須助，我願意當你的跟班，糯米丸子可以送給我吃嗎？
快樂
吃飯
我

答案：他人

接下來是科學家愛因斯坦的名言！
就是這一句話
奇怪
名言猜謎②
只有為別人而活的生命才是
（愛因斯坦的名言）
鼻屎
中該填什麼呢？
吃虧的
有錢人
普通的
須助，我願意當你的跟班，糯米丸子可以送給我吃嗎？
有趣的
快樂的
值得的
無趣的

答案：值得的

接下來的謎題是愛默生所說的名言，他是詩人，也是哲學家。
就是這一句話
名言猜謎③
努力成為一個讓別人
的人。
（愛默生的名言）
中該填什麼呢？
害怕
緊張
想給你錢
取笑
討厭
擔心
生氣
需要
想挖鼻屎
答案：需要

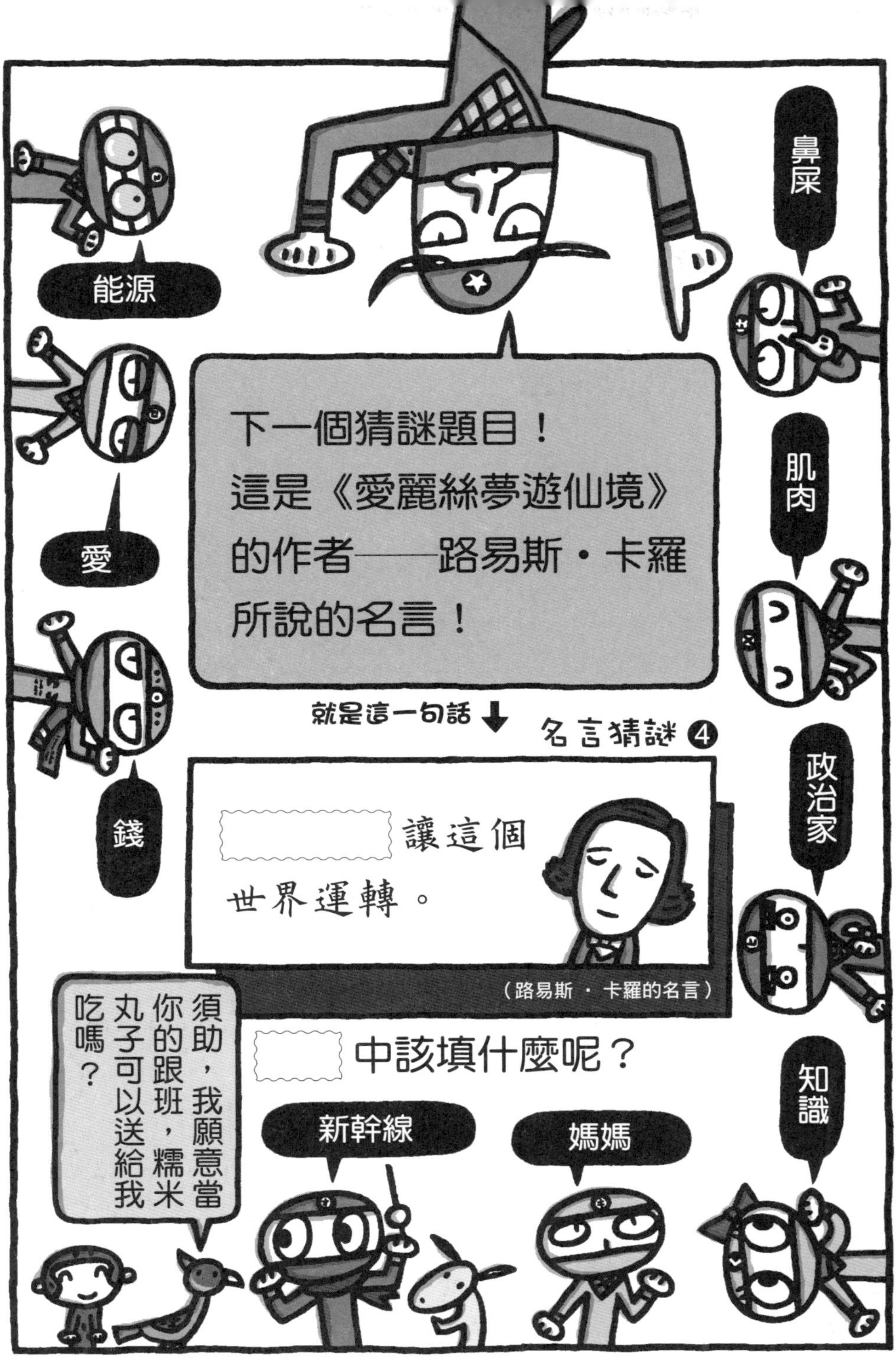

下一個猜謎題目！
這是《愛麗絲夢遊仙境》的作者——路易斯・卡羅所說的名言！
能源
愛
錢
鼻屎
肌肉
政治家
知識
就是這一句話
名言猜謎④
讓這個世界運轉。
（路易斯・卡羅的名言）
中該填什麼呢？
須助，我願意當你的跟班，糯米丸子可以送給我吃嗎？
新幹線
媽媽

答案：愛

最後是中國哲學家孔子的名言。
就是這一句話
名言猜謎 5
己所不欲，
。
（孔子的名言）
中
該填什麼呢？
不做也罷
立刻去做
勿施於人
就不可愛
就會沒錢
睡眠不足
完全沒有
鼻屎最大
好好讀書

答案：勿施於人

這個時候，在遙遠的深山中，黑心惡藏老師正在「忍者骷髏學校」為學生上課。
接下來，我要教你們很多壞招數，讓你們成為狡猾奸詐、壞心眼的可怕忍者。嘿嘿嘿……
生日：8月23日
星座：骷髏座
年齡：82歲（真是人不可貌相）
血型：B型

「首先要測驗一下，看看你們到底有多壞、多狡猾，嘿嘿嘿……」

惡藏老師一說完，便開始向學生提出問題。

現在要測驗你們的「壞蛋程度」，請先回答以下十三道題目，再將畫圈的數量寫在右下角。

如果你認為和題目敘述內容相符合，
就在確認欄內畫圈。

	確認欄
① 曾經花掉撿到的錢。	
② 即使看到有人倒在路上，也假裝沒看到。	
③ 考試當然都會作弊。	
④ 大家一起闖紅燈，就一點都不可怕。	
⑤ 最喜歡吃零食。	
⑥ 上次我熬夜了。	
⑦ 我曾經欺騙朋友。	
⑧ 總是會忍不住說別人的壞話。	
⑨ 不遵守約定也沒關係。	
⑩ 曾經對家人說謊。	
⑪ 從來沒有幫助過別人。	
⑫ 曾經搶銀行。	
⑬ 千錯萬錯都是別人的錯。	

有幾個圈呢？

畫圈的數量	個

可以根據前一頁畫圈的數量，了解每個人的「壞蛋程度」！

有0個圈的你	有1~3個圈的你	有4~8個圈的你	有9~12個圈的你	有13個圈的你
天使 你的心靈純潔，毫無歹念，也許你不是普通人，而是來自天堂的天使！	**超級優等生** 你是內心正直的優等生，因為有點太乖寶寶，偶爾也可以放鬆一下。	**感覺正常的好人** 你屬於感覺正常的好人，有一顆善良的心，願意為別人付出。	**不能說是壞人，應該說是誠實的人** 你是能夠坦然正視自己的誠實之人，如果可以反省自己做錯的事，將可以走向美好的未來。	**你是徹頭徹尾的大壞蛋** 你根本就是天生的大壞蛋。一定可以協助惡藏老師，成為壞蛋頭子！

真、真沒出息……
我零個
我有六個
我是九個
我是三個

再來看下一個問題！
以下 1 ～ 4 的妖怪中，你想成為哪一個？
3
狼人
平時都是人的樣子，但在滿月之夜就會變成狼人。
1
吸血鬼
最喜歡吸別人的血，被吸血鬼吸過血的人也會變成吸血鬼。
4
河童
最喜歡吃小黃瓜。住在河裡，會把牛拉進河裡。
2
死神
可以自由操控他人生命的可怕角色。

1 吸血鬼

選擇吸血鬼的你雖然會使壞，但其實是一個能夠關心他人、很有禮貌的紳士。

2 死神

選擇死神的你非常擅長察覺別人的弱點，但這意味著你平時都很認真、仔細觀察別人。

3 狼人

選擇狼人的你雖然在別人眼中很粗暴，但其實很珍惜朋友和家人，是心地善良的人。

4 河童

選擇河童的你最喜歡惡作劇，因為最喜歡和朋友一起喧鬧玩樂，所以有時候也會調皮搗蛋，朋友都很喜歡個性開朗的你。

你、你們怎麼會這樣……既不壞，也不夠狡猾。這樣怎麼贏得過「忍者培養到好學校」的那些傢伙？算了！你們辦事，我完全不放心！

於是——

惡藏老師打造了一個最強的機器人「壞蟑螂Z」。

■ 身體
超合金60%
聚酯30%
壓克力10%

■ 身長
12公尺30公分

■ 體重
5噸

■ 燃料
那可是秘密！

■ 3萬馬力

■ 飛行速度為時速4公里
（不擅長飛，速度也很慢）

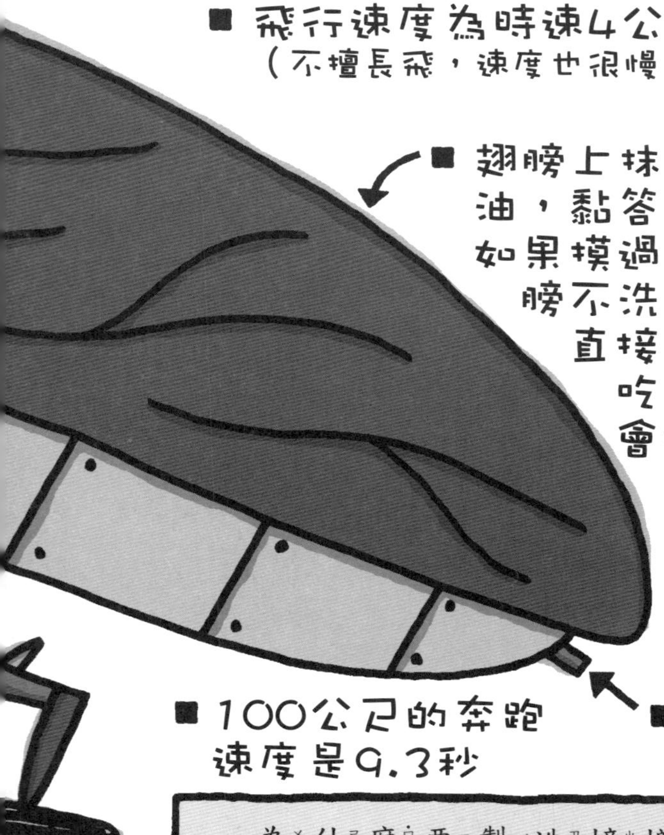

■ 翅膀上抹了髒油，黏答答的。如果摸過它的翅膀不洗手，就直接拿🍙吃，一定會拉肚子！

■ 腹部可以容納5個人左右

■ 100公尺的奔跑速度是9.3秒

■ 會釋放出很臭的氣體！

為什麼要製造蟑螂外形的機器人？因為蟑螂在人類誕生的很久之前（差不多三億年前）就已經存在，一直沒有被消滅。——惡藏老師的話

★當初造這個機器人花了很多錢
（花了惡藏老師35年份的薪水）
■即使在漆黑的地方，眼睛仍然可以看見所有東西
■駕駛艙只能容納一個人
■可以咬碎任何東西的嘴巴
■手和腳上的刺沾滿了細菌！
我要用這個去攻打「忍者培養到好學校」！

沒想到在「忍者培養到好學校」裡……
那麼，我們來做最後一個測驗。圖中1至5的人都需要被營救，請你們寫下營救他們的先後順序。
3
救命！
2
救命！
1
救命啊！
張開大嘴

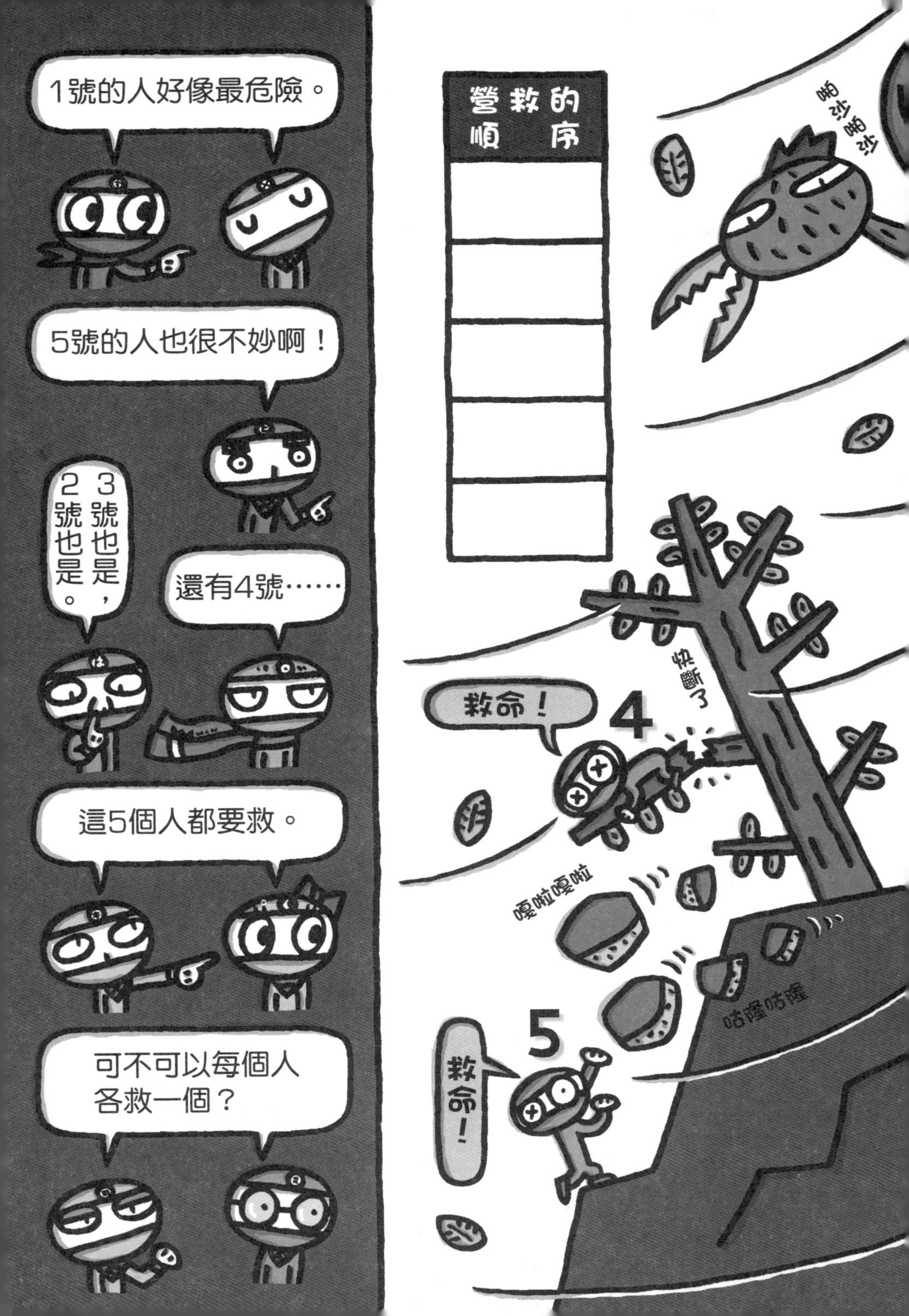
1號的人好像最危險。
5號的人也很不妙啊！
3號也是，2號也是。
還有4號……
這5個人都要救。
可不可以每個人各救一個？
營救的順序
快斷了
4
救命！
嘎啦嘎啦
咕隆咕隆
5
救命！

各位同學，你們太優秀了！

「所有人都通過測驗了！因為想要救人的心最重要，請你們隨時都要牢記這種體貼的心。

對他人的體貼，也就是愛，能夠讓我們贏得最後的勝利。這也是世界上最重要的東西。」

正當眉毛老師高興的對同學說這些話的時候——

「壞壞壞……壞蟑螂Z駕到！我會把你們一個一個，通通都踩死！」

「真讓人火大！嘿咻！嘿咻！」

眉毛老師為了保護學生，射出了一枚又一枚最拿手的飛鏢，但是，所有的飛鏢都彈了回來。

眉毛老師揮劍攻擊，但是，壞蟑螂Z完全不為所動。

眉毛老師的鋼鐵劍可以砍斷堅硬的鐵。

啪啦！

壞蟑螂Z揮動觸角，輕而易舉的把眉毛老師打倒在地。

之後，壞蟑螂Z又用屁股對著他們。
「壞蟑螂Z臭屁發射！」
哇哈哈哈……
「哇哈哈……這是用很臭的㊙當作燃料，所以會臭死人唷！」
噗~

大家都被壞蟑螂Z的臭屁熏得頭昏腦脹，神志不清。

「哇哈哈……我要一腳踩死你們！」

正當大家都覺得「完蛋了」的時候——

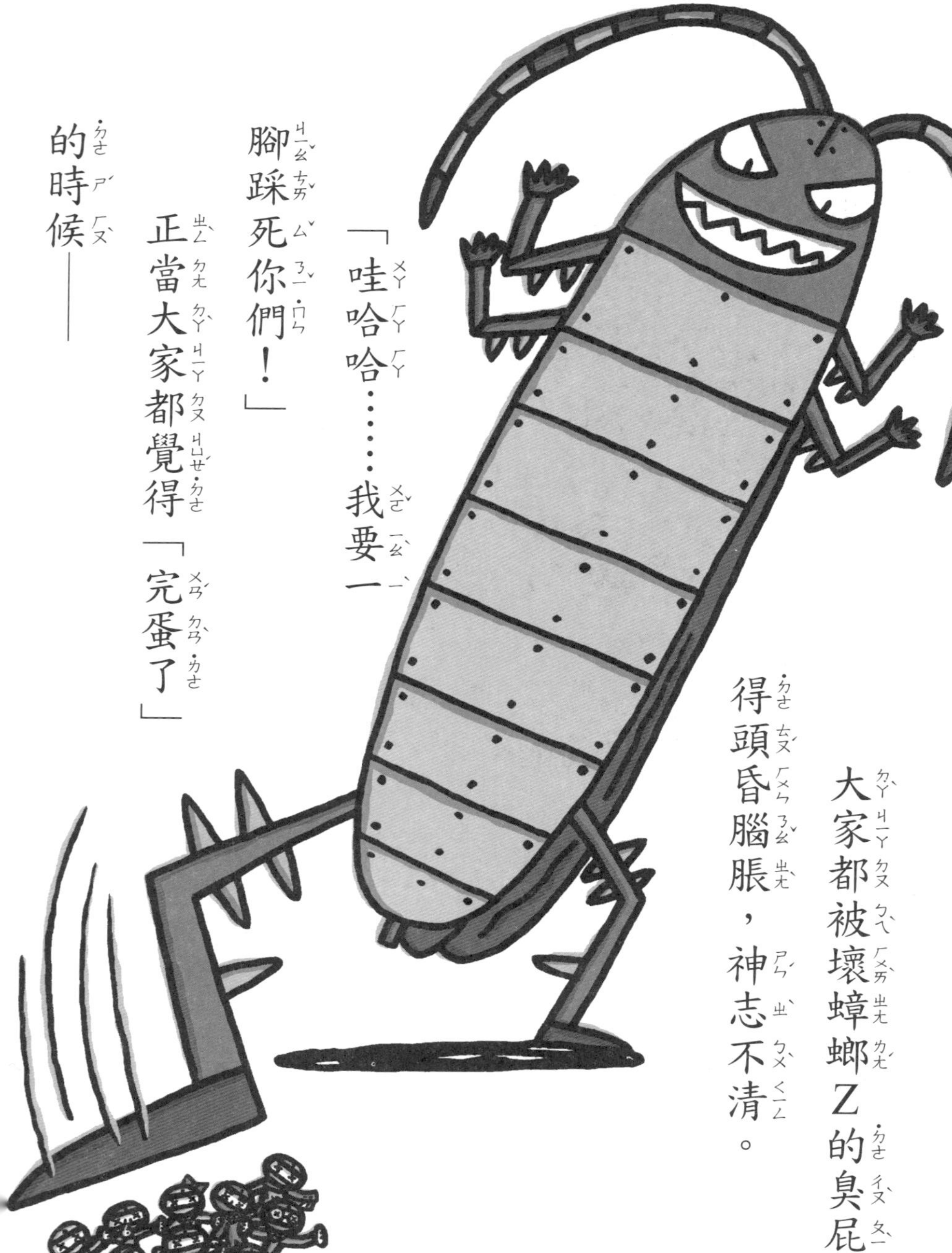

須助雖然也感到昏昏沉沉，但他還是奮力的把手伸進衣服裡，從裡面抓出很多根毛，接著呼呼的輕輕一吹。

結果——

出現了許許多多個須助。原來須助使用了孫悟空教他的分身術。

「好，大家用力，一起把壞蟑螂Z丟出去！」

須助之前見到孫悟空時，撿了很多孫悟空的毛帶回家。

但是，即使這些分身齊心協力，也沒辦法把壞蟑螂Z推倒。

就在這時——

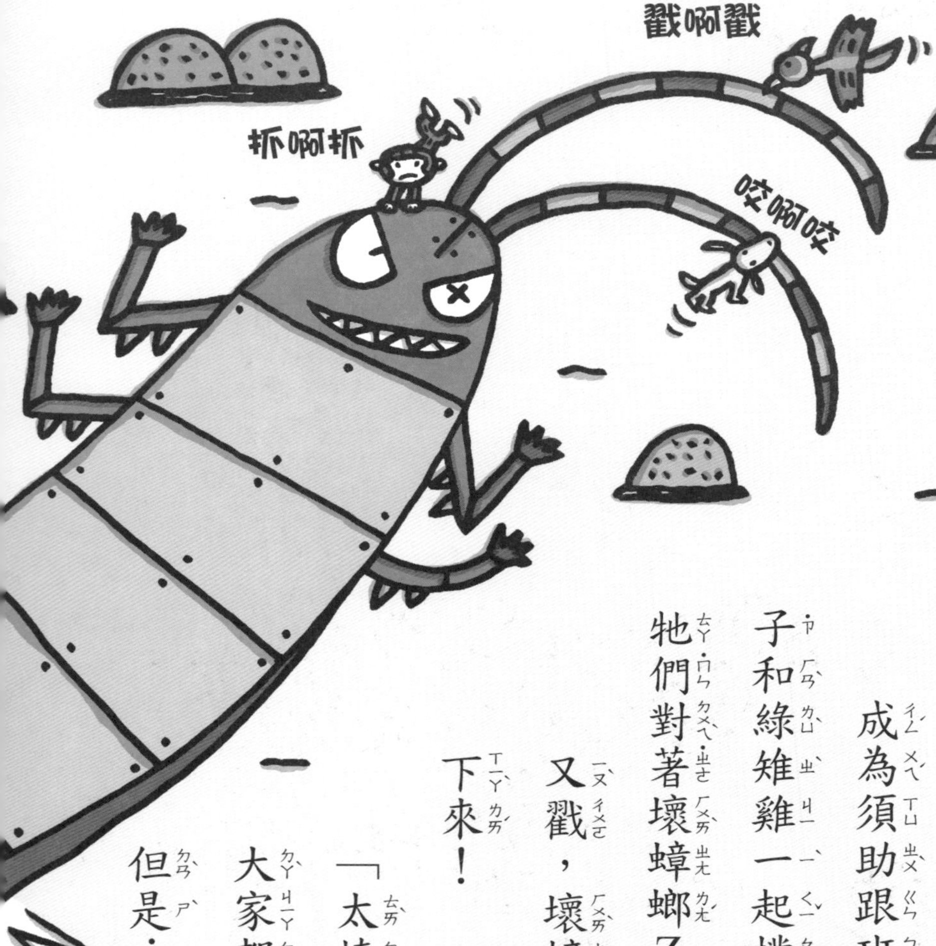

成為須助跟班的小狗、猴子和綠雉雞一起撲向壞蟑螂Z，牠們對著壞蟑螂Z又抓、又咬、又戳，壞蟑螂Z終於倒了下來！

「太棒了！」

大家都歡呼了起來。

但是……

「哇哈哈……我的壞蟑螂Z怎麼可能這麼輕易被打倒！」

惡藏老師的話還沒說完，就傳來一陣聲音。

啪答啪答啪答……

沒想到壞蟑螂Z竟然——

張開翅膀飛了起來！

「哇哈哈……只要沾到翅膀上黏答答的油，就會連續拉肚子一個星期喔！哇哈哈……」

「這……這下慘了！看我的！」

須助說完這句話，開始念咒語。

「哩嗦哩嗦伊喳烏油奇沙咕比！」

然後——

這也是孫悟空教他的咒語。

須助成功變身，變成一瓶超級巨大的殺蟲劑。

然後大叫一聲：「殺蟲劑發射！」

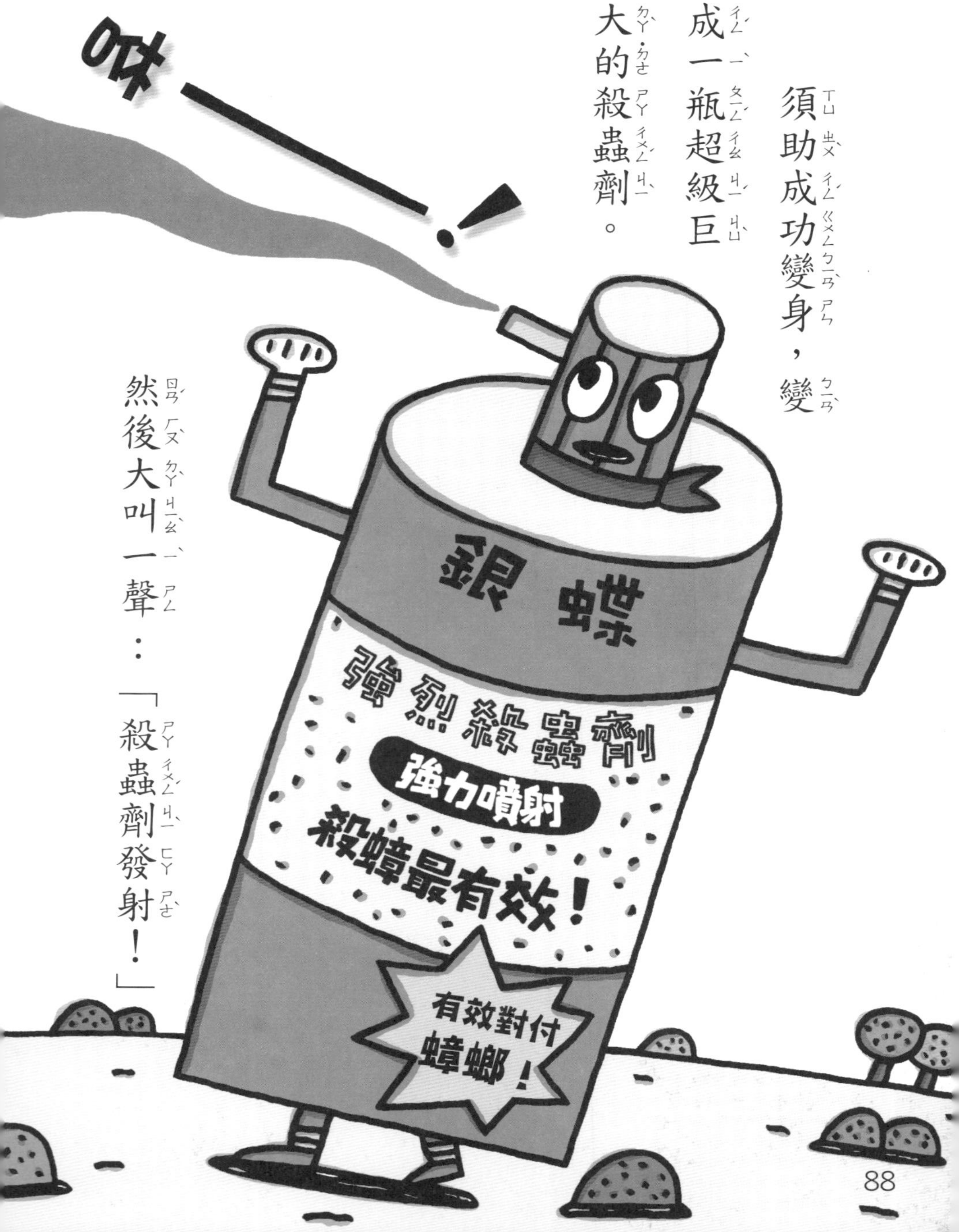

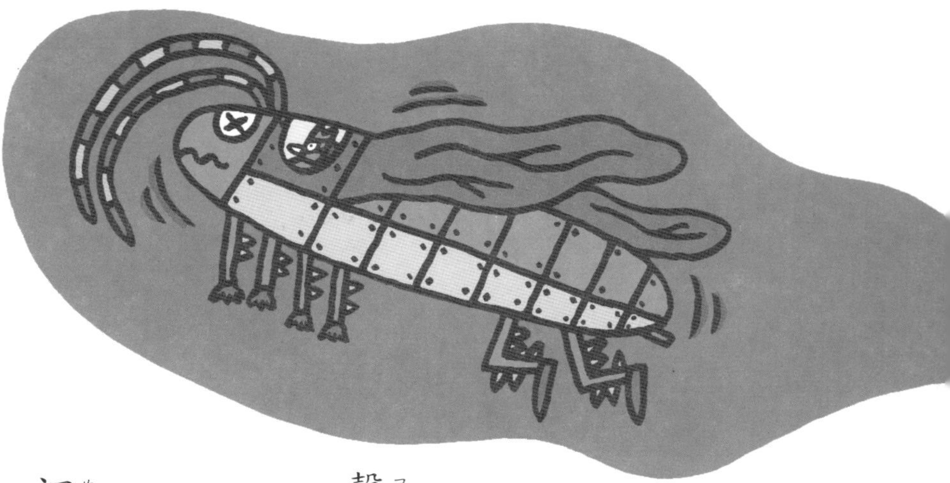

咻——

「哇嗚！不要啊！」

壞蟑螂Z被殺蟲劑噴中後，發出「喀答喀答喀答、喀答、喀……」的聲音，然後就停在半空中動彈不得。

咻——

壞蟑螂Z墜落在遠方的樹林裡。

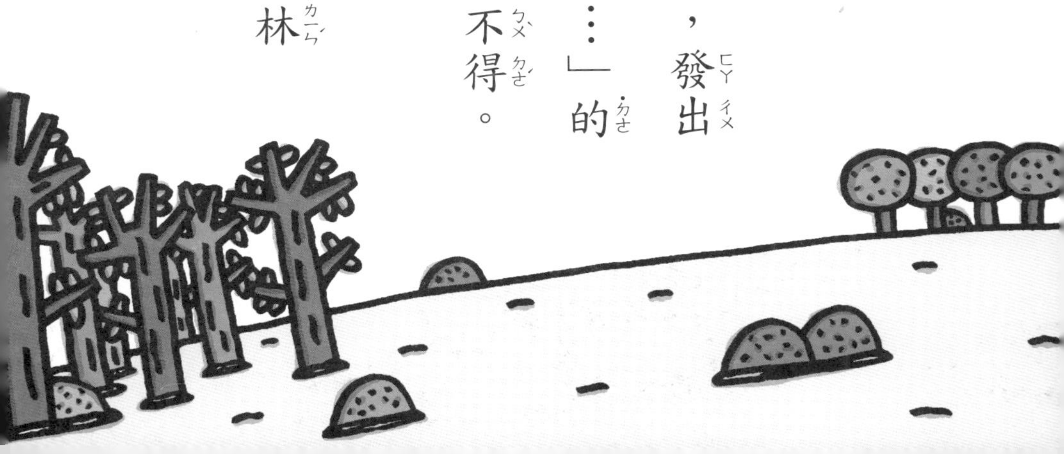

須助和其他同學跑進樹林裡，發現壞蟑螂Z倒在那裡。

喀嚓！

門打開了，惡藏老師搖搖晃晃走了出來。

須助和其他同學趕緊跑到惡藏老師身旁——

「你沒事吧？有沒有受傷？」

「有沒有覺得哪裡痛？」

「你可以走路嗎？」

「你、你們為什麼……要關心我的身體？我剛才還想踩死你們吔！」

惡藏老師的眼淚撲簌簌的流了下來。

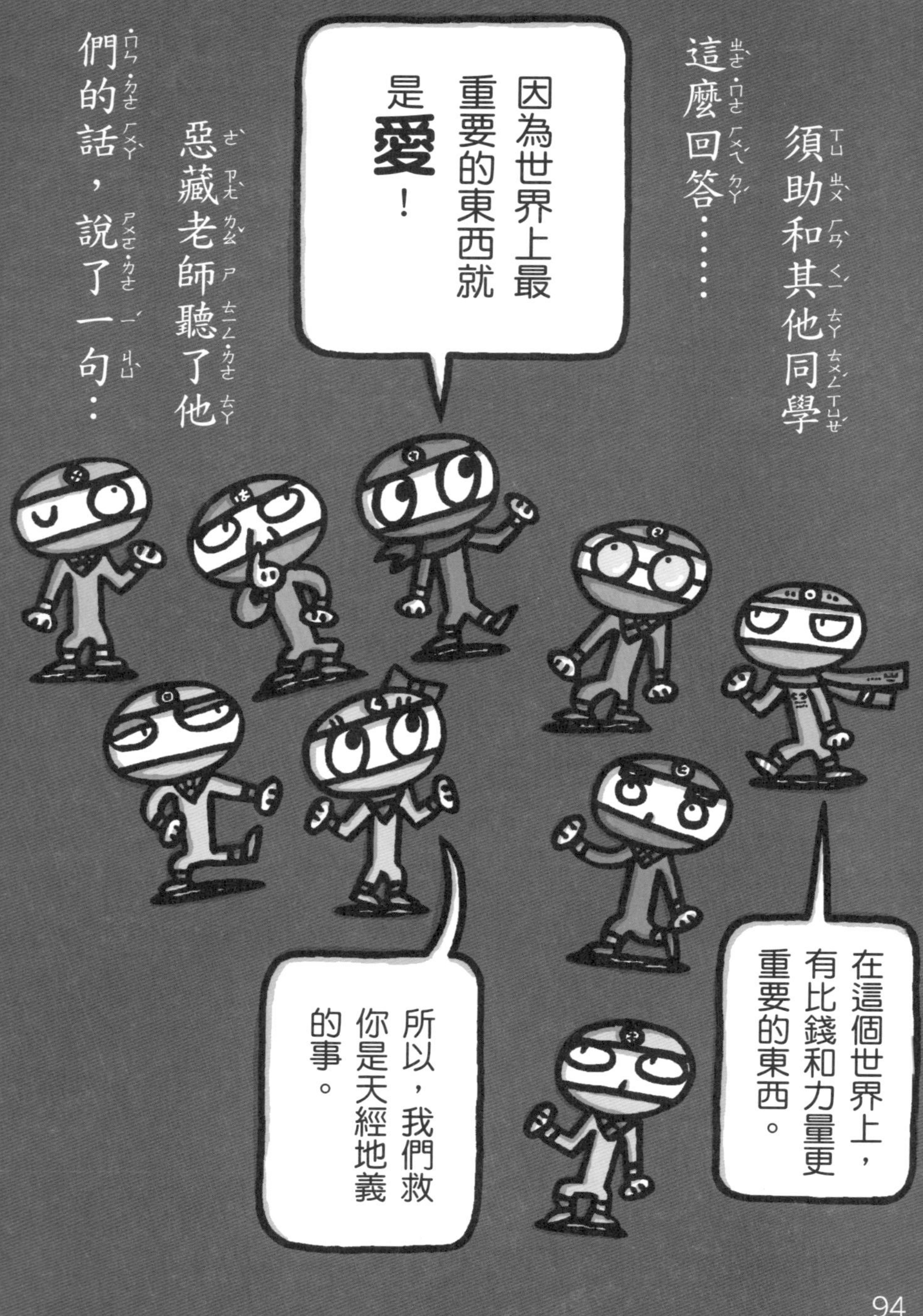
須助和其他同學這麼回答……
因為世界上最重要的東西就是愛！
惡藏老師聽了他們的話，說了一句：
在這個世界上，有比錢和力量更重要的東西。
所以，我們救你是天經地義的事。

「我、我認輸了……」

然後垂頭喪氣的離開了。

眉毛老師注視著惡藏老師的背影，輕聲的說：「你們的愛打動了惡藏老師的心，你們贏了。」

「大家趕快回教室，我們要上下一堂課了。」

「下一堂課，我們要討論關於『朋友』的問題！」

樹林裡響起眉毛老師爽朗的聲音。

完

文・圖／**宮西達也**

1956 年生於日本靜岡縣，日本大學藝術學院美術系畢業。曾擔任人偶劇的舞臺美術，也當過平面設計師，現為專職繪本作家，創作了許多膾炙人口的作品。作品《你看起來很好吃》獲劍淵繪本之里大獎、《今天運氣怎麼這麼好》獲講談社出版文化獎繪本獎，是一位獲獎無數的創作者。在小熊出版的作品有《正義使者：晃晃星人之卷》、《正義使者：奇幻超人之卷》、《加法超人與算術星人：宮西達也的數學繪本》等。

翻譯／**王蘊潔**

專職日文譯者。熱愛閱讀、熱愛故事。除了或嚴肅或浪漫、或驚悚或溫馨的文學小說，也嘗試多種風格的童書翻譯。過程中，充分體會童心、幽默和許多樂趣。

出版的童書譯作有「怪盜亞森・羅蘋」系列（小熊出版）、「神奇柑仔店」系列（親子天下）、「怪傑佐羅力」系列（親子天下）、《小鈕扣》（步步）、《胡蘿蔔忍者忍忍》（步步）、《山鳩》（步步）等。

臉書交流專頁：綿羊的譯心譯意

大家來找碴的答案

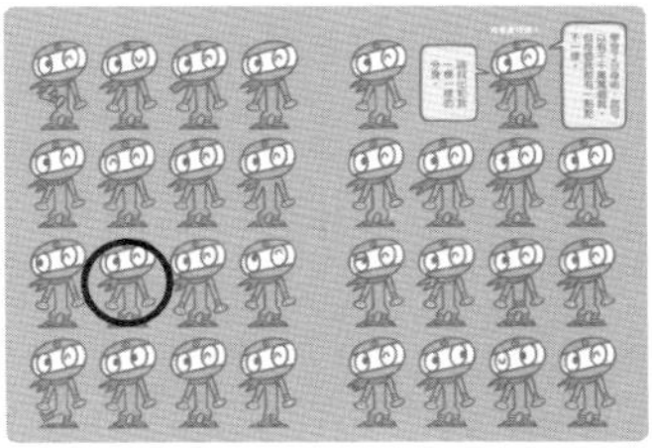

繪童話

忍者學校：世界上最重要的東西

文・圖／宮西達也　翻譯／王蘊潔

總編輯：鄭如瑤｜主編：詹嬿馨
特約編輯：吳佐晰｜美術編輯：張雅玫｜行銷主任：塗幸儀
社長：郭重興｜發行人兼出版總監：曾大福
業務平臺總經理：李雪麗｜業務平臺副總經理：李復民
海外業務協理：張鑫峰｜特販業務協理：陳綺瑩
實體業務經理：林詩富｜印務經理：黃禮賢｜印務主任：李孟儒
出版與發行：小熊出版・遠足文化事業股份有限公司
地址：231 新北市新店區民權路108-2 號9樓
電話：02-22181417 ｜傳真：02-86671851
劃撥帳號：19504465｜戶名：遠足文化事業股份有限公司
客服專線：0800-221029 ｜客服信箱：service@bookrep.com.tw
E-mail：littlebear@bookrep.com.tw ｜ Facebook：小熊出版
讀書共和國出版集團網路書店：http://www.bookrep.com.tw
團體訂購請洽業務部：02-22181417 分機1132、1520
法律顧問：華洋法律事務所／蘇文生律師｜印製：天浚有限公司
初版一刷：2020 年5月｜定價：320元｜ ISBN：978-986-5503-40-6

國家圖書館出版品預行編目（CIP）資料

忍者學校：世界上最重要的東西／宮西達也文・圖；王蘊潔 翻譯. -- 初版. -- 新北市：小熊出版：遠足文化發行, 2020. 05
96面；21×14.8 公分. --（繪童話）
注音版
ISBN 978-986-5503-40-6 （平裝）

861.599　　109005478

小熊出版讀者回函　小熊出版官方網頁

找出和我一樣的分身。
大家來找碴 2